LES AMOURS CHAMPÊTRES,
CHANSONNIER DU BEL ÂGE,

Pour la présente année.

Aux dépens de Bacchus.

Cet almanach, ainsi qu'un grand nombre d'autres, fins et communs,

SE TROUVE :

A PARIS, chez L. JANET, Libraire, rue St. Jacques.

A LILLE, chez VANACKERE fils, Imprimeur-Libraire, place du Théâtre, N.° 10.

Et chez les principaux Libraires du Royaume.

LE BERGER TRAHI.

ROMANCE.

Moderato.

A ‑ ‑ DIEU plai ‑

sir, a ‑ dieu bonheur su‑

prême, mon cœur gé ‑

mit et la nuit et le

j'ai - - me sans per - dre

mon a - - mour.

Quand j'étais près de l'ingrate Sylvie,
Mon cœur battait, soupirait tour-à-tour ;
Je lui disais : plutôt perdre la vie,
Que perdre mon amour.

Je suis trahi, pour prix de ma constance,
Un autre amant la captive en ce jour ;
Cruel destin, j'ai perdu l'espérance,
Sans perdre mon amour.

LES CINQ FLEURS.

Hier, je voulais que ma belle
M'accordât enfin ses faveurs :
Mon ami, j'y consens, dit-elle ;
Mais avant regarde ces fleurs.
Dans un doux et tendre délire
Fais-en le noble et digne envoi,
Et puis après, ce que ton
    cœur désire,   } *bis*.
C'est à toi, l'ami, c'est à toi.

Soudain un laurier se présente ;
Que faire d'un simple laurier ?
Et pourtant ma main chancelante
Veut en couronner un guerrier.
Toi qui sais fixer la victoire,
Chérir ton pays et ton Roi,
Et sais cueillir les palmes de la
    gloire,
C'est à toi, Français, c'est à toi.

Mais près de là l'olivier brille ;
Salut, symbole de la paix !
Puisses-tu, sur notre famille,
Répandre long-temps des bienfaits !

Enfant chéri en qui la France espère,
Chacun se dira comme moi,
S'il faut donner cet arbre tutélaire,
C'est à toi, Henri, c'est à toi.

Eh quoi, timide violette !
Je te trouve parmi ces fleurs.
A qui veux-tu, jeune indiscrète,
Oser présenter tes couleurs ?
Toi qui d'amour eus les prémices,
Et qui toujours auras ma foi ;
Jeune beauté, simple et novice,
C'est à toi, Lise, c'est à toi.

Mais je découvre l'immortelle ;
Chacun, avec moi de moitié,
Offre cette palme nouvelle
Au modèle de l'amitié,
A celui dont l'âme si fière
A son ami garde sa foi,
Jusqu'au tombeau partage sa misère,
C'est à toi, tendre ami, c'est à toi.

Dans la corbeille gentillette
Il restait encore une fleur,
J'en fis la demande à Lisette,
D'un ton qui pénétra son cœur ;

Posant un doigt sur sa bouche mi-close,
La belle, dans un doux émoi,
Balbutiait, en me tendant la rose,
C'est à toi, l'ami, c'est à toi.

A CLARA.

Air à faire.

Toi que le sort exile en de lointains climats,
Je te perds sans retour : au moins, ma tendre amie,
Si je n'ai plus l'espoir de retrouver tes pas,
Mon cœur verra partout ton image chérie.

Clara, tu vis toujours au cœur de ton amant.
Cet amour, qui joignait si bien nos destinées,
Me fait loin de tes yeux partager ton tourment :
Tes heures sont à moi, tristes ou fortunées.

C'est moi seul, en t'aimant, qui causai ton malheur.
Ne me reproche pas ces courts instans d'ivresse,
Leur souvenir encor doit faire mon bonheur :
Il ne me reste plus, hélas ! que ma tendresse.

Comme un songe rapide, avant-coureur du jour,
Dans la douceur des nuits vient charmer la pensée ;
Ainsi tu m'apparus dans un rêve d'amour :
A mon réveil déjà l'ombre était éclipsée.

Astre si doux, pour moi tu n'as lui qu'un matin.
Tout ce qui nous séduit, les grâces et les charmes,
Il est donc vrai, n'ont pu conjurer le destin :
Sa rigueur me condamne à d'éternelles larmes.

Que faire désormais ? Je n'ai plus
    d'avenir.
Tes maux, plus que les miens,
    accablent ma constance.
Avec toi j'ai pu vivre, et je ne puis
    mourir :
Mais je meurs tous les jours sans
    perdre l'existence.
               Par M.r Moulas.

L'ÉCARTÉ.

Air : *Du ménage de garçon.*

La mère au bal conduit sa fille ;
Hélas ! au bal plus de danseurs !
Par sa voix charmante elle brille ;
En vain elle attend des chanteurs.
Dans ce salon, quoi ! pas de monde !
D'ennui chacun a déserté ;
Où donc est la foule ? Elle abonde
A la table de l'*écarté*.

ÇA N'EMPÊCHE PAS LES SENTIMENS.

Air : *On n'offense point une belle*.

Avant qu'd'entrer en mariage,
Quand on a plus d'un amoureux,
Un' fillett' qu'est adroite et sage
Trouv' moyen d'les garder tous deux;
Près de chacun faisant la bonn' apôtre ;
Pour contenter ces deux amans, } bis.
On épous' l'un et l'on aime l'autre ;
Ça n'empêch' pas les sentimens. *ter*.

Maint'nant on peut avec finesse
M'ner deux intrigues à la fois ;
Car, en France, sans qu'ça paraisse,
C'est arrivé plus d'une fois.
On se marie, tout comme font tant d'autres,
Pour éviter tous les cancans.
On épous' l'un et l'on aime l'autre ;
Ça n'empêch' pas les sentimens.

C'est un moyen fort en usage,
Et très-connu dans ce pays;
Car l'on voit dans plus d'un ménage,
Ici, la femme à deux maris.
Pauvres époux! quel destin est le
 vôtre!
Mais c'est la mode maintenant,
On épous' l'un et l'on aime l'autre;
Ça n'empêch' pas les sentimens.

BONSOIR, MES AMIS, DORMEZ BIEN.

ROMANCE.

Air: *Vaudeville de l'homme Vert.*

De la lampe qui nous éclaire
Déjà pâlissent les rayons;
Minuit, escorté du mystère,
Touche l'asile où nous veillons.
Vous qu'en partant mon âme ap-
 pelle,
Dont l'amitié fait tout mon bien,
Jusqu'à la lumière nouvelle,
Bonsoir, mes amis, dormez bien!

Où sont tous nos rêves d'enfance
Et nos mères qui les berçaient,
Quand au sommeil de l'innocence
Leurs caresses nous disposaient ?
Des illusions d'un autre âge
Le départ ne m'a laissé rien ;
Mais vous que respecta l'orage,
Bonsoir, mes amis, dormez bien !

J'errais, poursuivant la fortune,
Loin du hameau de nos aïeux ;
Des grandeurs la vue importune
Ne m'apprit qu'à vous aimer
  mieux ;
Le temps qui fait fuir les men-
 songes,
M'assure du moins un soutien ;
Votre amitié vaut tous mes songes ;
Bonsoir, mes amis ; dormez bien !

Ah ! restons toute notre vie
Au lieu qui fut notre berceau ;
Et qu'aux rives de la patrie
S'élève aussi notre tombeau ;
De l'amitié qui nous rassemble
Ne brisons jamais le lien,
Et répétons toujours ensemble :
Bonsoir, mes amis, dormez bien !

TON AMITIÉ.

Air : *Le premier pas.*

Ton amitié, seul trésor de ma vie,
De mes ennuis adoucit la moitié ;
Et, savourant sa touchante magie,
Mon cœur oppose aux clameurs de
    l'envie.
        Ton amitié.

Ton amitié vient de rendre à ma
    lyre
Ce chant si pur qu'elle avait oublié.
Mon bien, c'est toi ; ma gloire, ton
    sourire ;
Et je préfère aux splendeurs d'un
    empire.
        Ton amitié.

Ton amitié luit au fond de mon âme
Comme un rayon par Dieu même
    envoyé ;
Mais, de mes jours pour embellir
    la trame,
Fais que l'Amour réchauffe de sa
    flamme
        Ton amitié.

CALENDRIER

GRÉGORIEN,

POUR L'ANNÉE BISSEXTILE

1824.

A LILLE,

Chez VANACKERE FILS, Imprimeur-Libraire,
place du Théâtre, N.° 10.

ARTICLES DU CALENDRIER.

SIGNES DU ZODIAQUE.

♈ Le Bélier.	♎ La Balance.	
♉ Le Taureau.	♏ Le Scorpion.	
♊ Les Gémeaux.	♐ Le Sagittaire.	
♋ L'Ecrevisse.	♑ Le Capricorne.	
♌ Le Lion.	♒ Le Verseau.	
♍ La Vierge.	♓ Les Poissons.	

Septentrion. — *Méridional.*

☉ Le Soleil.

FIGURES ET NOMS DES PLANÈTES.

☿ Mercure.	♃ Jupiter.	⚴ Pallas.
♀ Vénus.	♄ Saturne.	⚵ Junon.
♁ La Terre.	⛢ Uranus.	
♂ Mars.	⚳ Cérès.	⚶ Vesta.

☽ La Lune, satellite de la Terre.

SAISONS.

Printemps, 20 Mars, à 3 h. 41′ du soir.	*Automne*, 23 Septembre, à 3 h. 5 m. du matin.
Été, 21 Juin, à 1 h. 8′ du soir.	*Hiver*, 21 Décembre, à 8 h. 11′ du soir.

FÊTES MOBILES.

Septuagésime 15 *Fév.*	TRINITÉ, 13 *Juin.*
Cendres, 3 *Mars.*	FÊTE-DIEU, 17 *Juin.*
PAQUES, 18 *Avril.*	Avent, 28 *Novembre.*
Rogat., 24, 25 et 26 Mai.	De l'Épiphanie à la Septuagésime, 5 Dim.
ASCENSION, 27 *Mai.*	
PENTECOTE, 6 *Juin.*	De la Pent. à l'Av. 24 D.

Comput Ecclésiastique.	*Quatre-Temps.*
Nombre d'or . . . . 1.	Mars 10, 12 et 13.
Epacte . . . . 0.	Juin 9, 11 et 12.
Cycle solaire. . . . 13.	Septembre 15, 17 et 18.
Indiction Romaine.. 12.	Décembre 15, 17 et 18.
Lettre Dominicale.. DC.	

JANVIER 1824. Signe, le Verseau.

- ☉ N. L. le 1, à 8 h. 16' du matin.   Apogée le 3.
- ☽ P. Q. le 9, à 0 h. 45' du soir.   Périgée le 16.
- ☽ P. L. le 16, à 8 h. 59' du matin.   Apogée le 30.
- ☽ D. Q. le 23, à 1 h. 56' m. — ☉ N. L. le 31, à 3 h. 57' m.

JOURS, DATES et Noms des Saints.	Lev. du S	Cou. du S	Lever de la L	Couch. de la L
	H. M.	H. M.	H. M.	H. M.
1 j. CIRCONCISION.	7 53	4 8	8 6 Matin.	4 15 Soir.
2 v. s. Macaire, ab.	7 52	4 8	8 36	5 20
3 s. ste. Geneviève	7 52	4 9	9 1	6 27
4 D. s. Rigobert, év.	7 51	4 9	9 20	7 34
5 l. s. Siméon, styl.	7 50	4 10	9 39	8 39
6 m. EPIPHANIE.	7 50	4 10	9 55	9 44
7 m. s. Lucien, év.	7 49	4 11	10 11	10 50
8 j. ste. Gudule.	7 48	4 12	10 27	11 58
9 v. s. Julien, mart.	7 48	4 13	10 45	Matin.
10 s. s. Guillaume.	7 47	4 14	11 7	1 10
11 D. s. Hygin, pap.	7 46	4 14	11 34	2 24
12 l. s. Arcade, mar.	7 45	4 15	0 12 Soir.	3 40
13 m. Bapt. de N. S.	7 44	4 16	1 1	4 52
14 m. s. Hilaire de P.	7 43	4 17	2 4	6 0
15 j. s. N. de Jésus.	7 42	4 18	3 22	6 54
16 v. s. Fursi, abbé.	7 41	4 20	4 48	7 35
17 s. s. Antoine, ab.	7 40	4 21	6 15	8 7
18 D. Ch. s. Pierre à R	7 39	4 22	7 41	8 32
19 l. s. Canut, Roi.	7 38	4 23	9 4	8 53
20 m. ss. Fab. et Séb.	7 36	4 24	10 23	9 14
21 m. ste. Agnès, v.	7 35	4 25	11 41	9 35
22 j. s. Vincent, m.	7 34	4 27	Matin.	9 55
23 v. s. Raymond, c.	7 33	4 28	0 57	10 19
24 s. s. Timothée.	7 31	4 29	2 10	10 48
25 D. Conv. de s. P.	7 30	4 30	3 19	11 23
26 l. s. Polycarpe.	7 29	4 32	4 20	0 6 Soir.
27 m. s. Jean-Ch. év.	7 27	4 33	5 13	0 58
28 m. s. Charlemagne	7 26	4 35	5 56	1 58
29 j. s. François de S.	7 25	4 36	6 30	3 2
30 v. ste. Aldegonde.	7 23	4 38	6 57	4 8
31 s. s. Pierre Nolas.	7 22	4 39	7 19	5 14

FÉVRIER. *Signe*, les Poissons: ♓

- ☽ P. Q. le 8, à 3 h. 12' du matin.   *Périgée le 14.*
- ☽ P. L. le 14, à 7 h. 34' du soir.
- ☽ D. Q. le 21, à 5 h. 25' du soir.   *Apogée le 26.*
- ● N. L. le 29, à 10 h. 48 du soir.

JOURS, DATES et Noms des Saints.	Lev. du S h. m.	Cou. du S h. m.	Lever. de la L h. m.	Couch. de la L h. m.
1 D. s. Ignace.	7 20	4 41	7 38 Matin.	6 21 Soir.
2 l. Purification.	7 19	4 42	7 55	7 27
3 m. s. Blaise, évêq.	7 17	4 44	8 11	8 34
4 m. s. André de C.	7 16	4 45	8 27	9 41
5 j. ste. Agathe, v.	7 14	4 47	8 45	10 50
6 v. ste. Dorothée.	7 12	4 48	9 5	Matin.
7 s. s. Romuald, ab.	7 11	4 50	9 29	0 1
8 D. s. Jean de Mat.	7 9	4 51	10 3	1 15
9 l. ste. Apolline, v.	7 8	4 53	10 42	2 26
10 m. ste. Scholastiq.	7 6	4 55	11 37	3 35
11 m. s. Séverin, ab.	7 4	4 56	0 46 Soir.	4 33
12 j. ste. Eulalie.	7 3	4 58	2 8	5 20
13 v. s. Martinien, e.	7 1	5 0	3 35	5 58
14 s. s. Valentin, pr.	6 59	5 1	5 2	6 27
15 D. *Septuagésime*	6 58	5 3	7 29	6 51
16 l. ste. Julienne.	6 56	5 5	7 52	7 13
17 m. s. Donat, mart.	6 54	5 6	9 15	7 34
18 m. s. Siméon, év.	6 53	5 8	10 35	7 55
19 j. s. Gabin, m.	6 51	5 10	11 51	8 19
20 v. s. Eleuthère.	6 49	5 12	Matin.	8 47
21 s. s. Flavien.	6 47	5 13	1 4	9 21
22 D. *Sexagésime*	6 46	5 15	2 10	10 2
23 l. s. Florent.	6 44	5 17	3 7	10 52
24 m. s. Prétextat.	6 42	5 19	3 53	11 50
25 m. s. Mathias, ap.	6 41	5 20	4 30	0 53 Soir.
26 j. s. Césaire, c.	6 39	5 22	5 0	1 58
27 v. s. Alexandre.	6 37	5 24	5 25	3 5
28 s. ste. Honorine.	6 35	5 26	5 45	4 12
29 D. *Quinquagés.*	6 33	5 27	6 3	5 19

MARS. *Signe*, le Bélier. ♈

- ☽ P. Q. le 8, à 2 h. 19' du soir.   *Périgée le* 13.
- ☽ P. L. le 15, à 5 h. 46' du matin.
- ☽ D. Q. le 22, à 11 h. 20' du m.   *Apogée le* 25.
- ☽ N. L. le 30, à 3 h. 11' du soir.

JOURS, DATES et Noms des Saints.			Lev. du S h. m.	Cou du S h. m.	Lever de la L h. m.	Couch. de la L h. m.
1	l.	s. Aubin, év.	6 32	5 29	6 19 Matin.	6 25 Soir.
2	m.	s. Simplice, p.	6 30	5 31	6 36	7 32
3	m.	*Les Cendres.*	6 28	5 33	6 54	8 43
4	j.	s. Casimir, c.	6 26	5 35	7 14	9 54
5	v.	s. Théophile.	6 24	5 36	7 37	11 6
6	s.	ste. Colette, v.	6 23	5 38	8 7	Matin.
7	D.	*Quadragesim.*	6 21	5 40	8 44	0 18
8	l.	s. Jean de Dieu	6 19	5 42	9 32	1 27
9	m.	ste. Françoise.	6 17	5 44	10 35	2 27
10	m.	Les 40 Mart. 4 T	6 15	5 45	11 48	3 13
11	j.	s. Firmin, ab.	6 14	5 47	1 10 Soir.	3 57
12	v.	s. Grégoire. 4 T	6 12	5 49	2 35	4 29
13	s.	ste Euphras. 4 T	6 10	5 51	4 0	4 55
14	D.	*Reminiscere.*	6 8	5 53	5 25	5 18
15	l.	s. Longin, m.	6 6	5 54	6 48	5 40
16	m.	s. Abraham.	6 5	5 56	8 10	6 1
17	m.	s. Patrice, év.	6 3	5 58	9 31	6 25
18	j.	s. Gabriel, arc.	6 1	6 0	10 48	6 52
19	v.	s. Joseph, c.	5 59	6 2	11 59	7 24
20	s.	s. Joachim, c.	5 57	6 3	Matin.	8 3
21	D.	*Oculi.*	5 56	6 5	1 1	8 52
22	l.	s. Basile.	5 54	6 7	1 54	9 48
23	m.	s. Victorien.	5 52	6 9	2 35	10 49
24	m.	s. Siméon, m.	5 50	6 11	3 8	11 54
25	j.	ANNONCIAT.	5 48	6 13	3 35	1 1 Soir.
26	v.	s. Ludger, év.	5 47	6 14	3 57	2 8
27	s.	s. Rupert.	5 45	6 16	4 56	3 15
28	D.	*Lætare.*	5 43	6 18	4 33	4 22
29	l.	s. Bertholde.	5 41	6 20	4 50	5 29
30	m.	s. Amédée, d.	5 39	6 22	5 8	6 39
31	m.	s. Benjamin.	5 38	6 23	5 27	7 50

6

AVRIL. *Signe*, le Taureau.

P. Q. le 6, à 10 h. 2' du soir. *Périgée le* 10.
P. L. le 13, à 8 h. 56' du soir.
D. Q. le 21, à 6 h. 20' du m. *Apogée le* 22.
N. L. le 29, à 4 h. 34' du matin.

JOURS, DATES et Noms des Saints.			Lev. du S	Cou. du S	Lever de la L	Couch. de la L
			H. M.	H. M.	H. M.	H. M.
1	j.	s. Hugues, év.	5 36	6 25	5 50 Matin.	9 3 Soir.
2	v.	s. Françoise de P.	5 34	6 27	6 18	10 16
3	s.	s. Richard, év.	5 32	6 29	6 54	11 26
4	D.	*La Passion.*	5 30	6 31	7 39	Matin.
5	l.	s. Vincent Fer.	5 29	6 32	8 37	0 29
6	m.	s. Célestin, p.	5 27	6 34	9 46	1 22
7	m.	s. Hégésipe.	5 25	6 36	11 1	2 3
8	j.	s. Albert, pat.	5 23	6 38	0 23 Soir.	2 37
9	v.	*N.D.des 7 doul*	5 22	6 39	1 45	3 4
10	s.	s. Macaire, év.	5 20	6 41	3 7	3 28
11	D.	*Les Rameaux.*	5 18	6 43	4 29	3 50
12	l.	s. Jules, pape.	5 16	6 45	5 50	4 11
13	m.	s. Herménégil.	5 14	6 46	7 11	4 33
14	m.	s. Tiburce, m.	5 13	6 48	8 30	4 59
15	j.	*La Cène.*	5 11	6 50	9 44	5 28
16	v.	*Mort de N. S.*	5 9	6 51	10 52	6 5
17	s.	s. Anicet, p. m.	5 8	6 53	11 50	6 50
18	D.	*PAQUES.*	5 6	6 55	Matin.	7 43
19	l.	*Pâques.*	5 4	6 57	0 36	8 44
20	m.	s. Théodore, c.	5 3	6 58	1 14	9 50
21	m.	s. Anselme, év.	5 1	7 0	1 43	10 56
22	j.	s. Soter, p. m.	4 59	7 2	2 7	0 2 Soir.
23	v.	s. Georges, m.	4 58	7 3	2 26	1 8
24	s.	s. Fidèle, m.	4 56	7 5	2 45	2 14
25	D.	*Quasimodo.*	4 54	7 7	3 2	3 21
26	l.	s. Clète, p. m.	4 53	7 8	3 20	4 30
27	m.	s. Anthime, év.	4 51	7 10	3 38	5 41
28	m.	s. Vital, m.	4 49	7 11	4 0	6 54
29	j.	s. Pierre, m.	4 48	7 13	4 26	8 8
30	v.	ste. Catherine.	4 46	7 15	4 59	9 20

MAI. *Signe*, les Gémeaux. ♊

- P. Q. le 6, à 4 h. 24′ du matin. *Périgée le 6.*
- P. L. le 13, à 2 h. 44′ du matin. *Apogée le 19.*
- D. Q. le 21, à 0 h. 46′ du soir.
- N. L. le 28, à 3 h. 12′ du soir. *Périgée le 31.*

JOURS, DATES et Noms des Saints.	Lev. du S	Cou. du S	Lever de la L	Couch. de la L
	H. M.	H. M.	H. M.	H. M.
1 s. Jacq. et Phil.	4 45	7 16	5 42 Matin.	10 28 Soir.
2 D. s. Athanase, p.	4 43	7 18	6 37	11 24
3 l. Inv. de la Croix	4 42	7 19	7 43	Matin.
4 m. ste. Monique.	4 40	7 21	8 58	0 9
5 m. s. Maurant.	4 38	7 22	10 18	0 45
6 j. s. JEAN P. Lat.	4 37	7 24	11 39	1 13
7 v. ste. Flavie.	4 35	7 25	0 58 Soir.	1 37
8 s. App. s. Michel	4 34	7 27	2 17	1 59
9 D. Tr. de s. Nicol.	4 32	7 28	3 36	2 19
10 l. s. Antonin, arc.	4 31	7 30	4 55	2 41
11 m. s. Gengoul, m.	4 30	7 31	6 12	3 4
12 m. s. Nérée, mart.	4 28	7 33	7 29	3 31
13 j. s. Servais., év.	4 27	7 34	8 39	4 6
14 v. s. Boniface, m.	4 25	7 35	9 41	4 46
15 s. s. Isidore, m.	4 24	7 37	10 32	5 36
16 D. s. Honoré, év.	4 23	7 38	11 13	6 34
17 l. ste. Restitue, v.	4 21	7 39	11 45	7 38
18 m. s. Venant, m.	4 20	7 40	Matin.	8 44
19 m. s. Yves, conf.	4 19	7 42	0 11	9 50
20 j. s. Bernardin, c.	4 18	7 43	0 37	10 56
21 v. s. Hospice, réc.	4 17	7 44	0 53	0 2 Soir.
22 s. ste. Julie, v. m.	4 15	7 45	1 8	1 8
23 D. s. Didier, arc.	4 14	7 46	1 24	2 14
24 l. ste. Jeanne Rog.	4 13	7 47	1 43	3 24
25 m. s. Urbain. Rog.	4 12	7 48	2 3	4 35
26 m. st. Philip. Rog.	4 11	7 49	2 27	5 49
27 j. ASCENSION.	4 10	7 50	2 57	7 3
28 v. s. Germain, év.	4 9	7 51	3 35	8 13
29 s. s. Maxime, év.	4 8	7 52	4 24	9 13
30 D. s. Ferdinand, r.	4 7	7 53	5 28	10 4
31 l. ste. Péronille.	4 6	7 54	6 43	10 43

JUIN. Signe, l'Écrevisse. ♋

- ☽ P. Q. le 4, à 9 h. 19′ du matin.
- 🌕 P. L. le 11, à 2 h. 47′ du soir.   Apogée le 16.
- ☾ D. Q. le 19, à 5 h. 30′ du soir.
- ● N. L. le 26, à 11 h. 48′ du soir.   Périgée le 28.

JOURS, DATES et Noms des Saints.			Lev. du S	Cou. du S	Lever de la L	Couch. de la L
			H. M.	H. M.	H. M.	H. M.
1	m.	s. Fortuné, c.	4 5	7 55	8 4	11 Soir 15
2	m.	s. Erasme, év.	4 5	7 56	9 25	11 41
3	j.	ste. Clotilde, r.	4 4	7 57	10 Matin 46	Matin.
4	v.	s. Quirin, év.	4 3	7 57	0 5	0 2
5	s.	s. Boniface, év.	4 2	7 58	1 Soir 22	0 23
6	D.	PENTECÔTE	4 2	7 59	2 39	0 42
7	l.	Pentecôte.	4 1	7 59	3 56	1 5
8	m.	s. Médard, év.	4 0	8 0	5 11	1 31
9	m.	ste. Pélagie. 4 T	4 0	8 2	6 22	2 0
10	j.	s. Landri, év.	3 59	8 1	7 26	2 37
11	v.	s. Barnabé. 4 T	3 59	8 1	8 22	3 24
12	s.	s. Onuphre. 4 T	3 59	8 2	9 6	4 19
13	D.	Trinité.	3 58	8 2	9 41	5 20
14	l.	s. Basile-le-Gr.	3 58	8 2	10 9	6 26
15	m.	ss. Vite et Mod.	3 58	8 3	10 32	7 33
16	m.	s. Franç. Régis.	3 57	8 3	10 51	8 39
17	j.	Fête-Dieu.	3 57	8 3	11 8	9 44
18	v.	ste. Marine, v.	3 57	8 3	11 25	10 49
19	s.	s. Gervais.	3 57	8 3	11 41	11 54
20	D.	s. Silvère, p.	3 57	8 4	Matin.	1 Soir 1
21	l.	s. Louis de G.	3 57	8 4	0 0	2 10
22	m.	s. Paulin, év.	3 57	8 4	0 22	3 21
23	m.	s. Liébert. V. J.	3 57	8 3	0 48	4 35
24	j.	Oct. de la F. D.	3 57	8 3	1 22	5 47
25	v.	Tr. de s. Eloi.	3 57	8 3	2 7	6 54
26	s.	s. Jean et Paul.	3 57	8 3	3 5	7 50
27	D.	s. Ladislas, roi.	3 58	8 3	4 15	8 34
28	l.	s. Irénée, V. J.	3 58	8 2	5 36	9 10
29	m.	Pierre et Paul.	3 58	8 2	7 0	9 38
30	m.	Comm. s. Paul.	3 59	8 2	8 24	10 2

JUILLET. Signe, le Lion. ♌

- P. Q. le 3, à 2 h. 41′ du soir.
- P. L. le 11, à 4 h. 30′ du matin. *Apogée le 14.*
- D. Q. le 19, à 8 h. 6′ du matin.
- N. L. le 26, à 7 h. 18′ du matin. *Périgée le 27.*

JOURS, DATES et Noms des Saints.			Lev. du S	Cou. du S	Lever de la L	Couch. de la L
			H. M.	H. M.	H. M.	H. M.
1	j.	s. Rombaut, év.	3 58	8 1	9 46 Mat.	10 24 Soir.
2	v.	Visitat. de la V.	3 59	8 1	11 5	10 45
3	s.	s. Hyacinthe.	3 59	8 0	0 23 Soir.	11 6
4	D.	Tr. s. Martin.	4 0	8 0	1 41	11 30
5	l.	ste. Zoé, mart.	4 0	8 0	2 57	11 58
6	m.	ste. Godelive.	4 1	7 59	4 9	Matin.
7	m.	s. Willebaud.	4 2	7 58	5 15	0 33
8	j.	s. Elisabeth, r.	4 2	7 58	6 11	1 15
9	v.	Les 19 Mart. G.	4 3	7 57	6 59	2 6
10	s.	ste. Félicité.	4 4	7 56	7 36	3 6
11	D.	Tr. des. Benoît.	4 5	7 55	8 6	4 10
12	l.	s. Gualbert, ab.	4 5	7 54	8 30	5 15
13	m.	s. Anaclet, pr.	4 6	7 53	8 51	6 20
14	m.	s. Bonaventure	4 7	7 52	9 9	7 27
15	j.	s. Henri, emp.	4 8	7 51	9 26	8 32
16	v.	N.-D. du M. C.	4 9	7 50	9 43	9 38
17	s.	s. Alexis, conf.	4 10	7 49	9 59	10 43
18	D.	s. Arnould, év.	4 11	7 48	10 19	11 49
19	l.	s. Vincent de P.	4 12	7 47	10 43	0 57 Soir.
20	m.	ste. Marguerite	4 13	7 46	11 13	2 9
21	m.	s. Victor, m.	4 14	7 45	11 53	3 21
22	j.	ste. Marie-M.	4 15	7 44	Matin.	4 31
23	v.	s. Apollinaire.	4 16	7 43	0 44	5 32
24	s.	ste. Christine.	4 18	7 42	1 48	6 21
25	D.	s. Jacques, ap.	4 19	7 40	3 4	7 1
26	l.	ste. Anne.	4 20	7 39	4 28	7 33
27	m.	s. Désiré, év.	4 21	7 38	5 54	8 0
28	m.	s. Nazaire.	4 23	7 37	7 19	8 24
29	j.	ste. Marthe, v.	4 24	7 35	8 44	8 46
30	v.	ss. Abdon, m.	4 25	7 34	10 5	9 8
31	s.	s. Ignace de L.	4 27	7 33	11 23	9 31

AOUT. *Signe*, la Vierge. ♍

P. Q. le 1, à 10 h. 5′ du soir.
P. L. le 9, à 7 h. 42′ du soir.   *Apogée* le 10.
D. Q. le 17, à 8 h. 41′ du soir. *Périgée* le 24.
N. L. le 24, à 2 h. 36′ s. — P. Q. le 31, à 8 h. 52′ m.

JOURS, DATES et Noms des Saints.			Lev. du S	Cou. du S	Lever. de la L	Couch. de la L
			H. M.	H. M.	H. M.	H. M.
1	D.	s. Pierre ès—L.	4 28	7 31	0 41 Soir.	9 59 Soir.
2	l.	N.-D. des Ang.	4 29	7 30	1 56	10 33
3	m.	Inv. s. Etienne.	4 31	7 28	3 5	11 13
4	m.	s. Dominique.	4 32	7 27	4 4	Matin.
5	j.	N.-D. aux Neig.	4 34	7 25	4 55	0 2
6	v.	Tr. de N. S.	4 35	7 24	5 37	0 58
7	s.	s. Gaëtan de T.	4 37	7 23	6 10	2 0
8	D.	s. Cyriaque.	4 39	7 21	6 36	3 6
9	l.	s. Romain, m.	4 40	7 19	6 58	4 13
10	m.	s. Laurent, ar.	4 41	7 18	7 16	5 19
11	m.	ste. Susanne, v.	4 43	7 17	7 33	6 24
12	j.	ste. Claire, v.	4 44	7 15	7 50	7 29
13	v.	s. Hypolite, m.	4 46	7 13	8 7	8 33
14	s.	s. Eusèbe V.-J.	4 47	7 12	8 27	9 39
15	D.	ASSOMPT.	4 49	7 10	8 49	10 47
16	l.	s. Roch, conf.	4 50	7 9	9 16	11 55
17	m.	s. Mammez.	4 52	7 7	9 50	1 5 Soir.
18	m.	ste. Hélène.	4 54	7 5	10 35	2 14
19	j.	ste. Thècle.	4 55	7 4	11 31	3 17
20	v.	s. Bernard, ab.	4 57	7 2	Matin.	4 10
21	s.	ste. Jeanne Fr.	4 59	7 0	0 39	4 55
22	D.	s. Simphorien.	5 0	6 59	1 58	5 32
23	l.	s. Philippe B.	5 2	6 57	3 23	6 2
24	m.	s. Barthélémi.	5 4	6 55	4 50	6 28
25	m.	s. Louis, Roi	5 5	6 54	6 17	6 52
26	j.	s. Zéphirin, p.	5 7	6 52	7 41	7 15
27	v.	s. Césaire d'Ar.	5 9	6 50	9 4	7 39
28	s.	s. Augustin, év.	5 11	6 49	10 26	8 6
29	D.	Déc. de s. J.-B.	5 12	6 47	11 44 Soir.	8 38
30	l.	ste. Rose de L.	5 14	6 45	0 56	9 18
31	m.	s. Raymond N.	5 16	6 43	2 2	10 4

SEPTEMBRE, *Signe*, la Balance. ♎

P. L. le 8, à 11 h. 48' du matin. *Apogée le 6.*
D. Q. le 16, à 7 h. 25' du matin. *Périgée le 21.*
N. L. le 22, à 10 h. 36' du soir.
P. Q. le 29, à 11 h. 41' du soir.

JOURS, DATES et Noms des Saints.			Lev. du S	Cou du S	Lever de la L	Couc de la L
			H. M.	H. M.	H. M.	H. M.
1	m.	s. Gilles, abbé.	5 17	6 42	2 58 Soir	10 58
2	j.	s. Etienne, Roi.	5 19	6 40	3 43	Matin.
3	v.	ste. Séraphie.	5 21	6 38	4 17	0 0
4	s.	ste. Rosalie, v.	5 23	6 36	4 45	1 5
5	D.	s. Bertin, ab.	5 24	6 35	5 9	2 11
6	l.	s. Zacharie, p.	5 26	6 33	5 30	3 16
7	m.	ste. Reine, v.	5 28	6 31	5 48	4 22
8	m.	*Nat.v.de N.D.*	5 30	6 29	6 6	5 27
9	j.	s. Omer, év.	5 31	6 28	6 24	6 33
10	v.	s. Nicol. de Tol.	5 33	6 26	6 43	7 40
11	s.	ss. Prote et H.	5 35	6 24	7 3	8 47
12	D.	s. Guidon, c.	5 37	6 22	7 28	9 54
13	l.	s. Aimé, arch.	5 38	6 21	8 0	11 2
14	m.	Exalt. de ste. C.	5 40	6 19	8 41	0 10 Soir
15	m.	s. Nicoméd. *4 T*	5 42	6 17	9 32	1 15
16	j.	ste. Euphémie.	5 44	6 15	10 34	2 12
17	v.	s. Lambert. *4 T*	5 46	6 14	11 46	3 0
18	s.	ste. Sophie. *4 T*	5 47	6 12	Matin.	3 40
19	D.	s. Janvier, év.	5 49	6 10	1 5	4 11
20	l.	s. Eustache. m.	5 51	6 8	2 27	4 37
21	m.	s. Matthieu, ap.	5 53	6 6	3 52	5 2
22	m.	s. Maurice.	5 54	6 5	5 18	5 26
23	j.	s. Lin, prêt. m.	5 56	6 3	6 42	5 48
24	v.	N.-D. de la M.	5 58	6 1	8 6	6 13
25	s.	s. Firmin, év.	6 0	5 59	9 28	6 44
26	D.	ste. Justine, v.	6 2	5 57	10 46	7 22
27	l.	ss. Côme et D.	6 3	5 56	11 57	8 7
28	m.	s. Wenceslas.	6 5	5 54	0 58 Soir	9 0
29	m.	Déd. s. Michel	6 7	5 52	1 47	10 0
30	j.	s. Jérôme, pr.	6 9	5 50	2 27	11 5

OCTOBRE. *Signe*, le Scorpion. ♏

- ☽ P. L. le 8, à 4 h. 5' du matin.   *Apogée le* 3.
- ☽ D. Q. le 15, à 4 h. 34' du soir. *Périgée le* 20.
- ☉ N. L. le 22, à 8 h. 13' du matin.
- ☽ P. Q. le 29, à 6 h. 12' du soir. *Apogée le* 31.

JOURS, DATES et Noms des Saints.			Lev du S	Cou. du S	Lever de la L	Couch. de la L
			H. M.	H. M.	H. M.	H. M.
1	v.	ss. Remi et P.	6 11	5 48	2 58	Matin.
2	s.	Les ss. Anges g.	6 13	5 46	3 Soir 23	0 11
3	D.	s. Denis, mart.	6 15	5 45	3 43	1 16
4	l.	s. François d'A.	6 16	5 43	4 3	2 23
5	m.	s. Placide, conf.	6 18	5 41	4 22	3 28
6	m.	s. Bruno, conf.	6 20	5 39	4 40	4 32
7	j.	s. Marc, pape.	6 22	5 37	4 57	5 37
8	v.	ste. Brigitte, v.	6 23	5 36	5 17	6 43
9	s.	s. Ghislain, év.	6 25	5 34	5 42	7 54
10	D.	s. Françoise de B.	6 27	5 32	6 13	9 4
11	l.	s. Gomer, c.	6 29	5 30	6 51	10 11
12	m.	s. Maximilien.	6 31	5 28	7 38	11 15
13	m.	s. Edouard, R.	6 32	5 26	8 36	0 Soir 13
14	j.	s. Calixte, p. m.	6 34	5 25	9 43	1 2
15	v.	ste. Thérèse, v.	6 36	5 23	10 57	1 43
16	s.	s. Martinien.	6 38	5 21	Matin.	2 16
17	D.	s. Florentin, év.	6 39	5 20	0 16	2 43
18	l.	s. Luc, évang.	6 41	5 18	1 37	3 7
19	m.	s. Pierre d'Alc.	6 43	5 16	2 59	3 31
20	m.	s. Caprais, m.	6 45	5 15	4 20	3 54
21	j.	ste. Ursule.	6 46	5 13	5 43	4 20
22	v.	s. Mellon, év.	6 48	5 11	7 5	4 49
23	s.	s. Séverin.	6 50	5 9	8 28	5 23
24	D.	s. Magloire, év.	6 51	5 8	9 44	6 4
25	l.	ss. Crépin. et C.	6 53	5 6	10 48	6 53
26	m.	s. Evariste, pr.	6 55	5 4	11 43	7 52
27	m.	s. Frumence.	6 56	5 3	0 Soir 27	8 57
28	j.	ss. Simon et J.	6 58	5 1	1 3	10 4
29	v.	s. Narcisse, p.	7 0	4 59	1 30	11 9
30	s.	s. Lucain, m.	7 1	4 58	1 53	Matin.
31	D.	s. Quentin, m.	7 3	4 56	2 12	0 14

NOVEMBRE. *Signe*, le Sagittaire.

- ♃ P. L. le 6, à 7 h. 52' du soir.
- ☽ D. Q. le 14, à 0 h. 28' du matin.   *Périgée le 16.*
- ☽ N. L. le 20, à 8 h. 10' du soir.   *Apogée le 28.*
- ☽ P. Q. le 28, à 3 h. 5' du soir.

JOURS, DATES et Noms des Saints.	Lev. du S H. M.	Cou. du S H. M.	Lever de la L H. M.	Couch. de la L H. M.
1 l. TOUSSAINT.	7 5	4 54	2 30 Soir.	1 20 Matin.
2 m. Com. des Morts	7 6	4 53	2 49	2 25
3 m. s. Hubert, év.	7 8	4 51	3 7	3 29
4 j. s. Charles Borr.	7 10	4 50	3 26	4 35
5 v. s. Zacharie, p.	7 11	4 48	3 49	5 43
6 s. s. Léonard, c.	7 13	4 46	4 18	6 54
7 D. s. Ernest, év.	7 14	4 45	4 52	8 4
8 l. Les 4 SS. cour.	7 16	4 43	5 36	9 10
9 m. s. Mathurin, c.	7 17	4 42	6 32	10 10
10 m. s. Juste, évêq.	7 19	4 40	7 37	11 2
11 j. st Martin, arc.	7 20	4 39	8 50	11 45
12 v. s. René, év.	7 22	4 37	10 7	0 18 Soir.
13 s. s. Homobon, c.	7 23	4 36	11 26	0 47
14 D. s. Albéric, év.	7 25	4 35	Matin.	1 12
15 l. s. Eugène, év.	7 26	4 33	0 44	1 35
16 m. s. Edmond, arc.	7 28	4 32	2 1	1 56
17 m. s. Grégoire, év.	7 29	4 30	3 20	2 19
18 j. s. Odon, abbé.	7 30	4 29	4 40	2 45
19 v. ste. Elisabeth.	7 32	4 28	5 58	3 16
20 s. s. Félix de Val.	7 33	4 26	7 16	3 53
21 D. Prés. de N. D.	7 34	4 25	8 27	4 40
22 l. ste. Cécile, v.	7 35	4 24	9 28	5 35
23 m. s. Clément, p.	7 37	4 22	10 17	6 37
24 m. ste. Flore, v.	7 38	4 21	10 56	7 44
25 j. ste. Catherine.	7 39	4 20	11 26	8 51
26 v. s. Pierre, év.	7 40	4 19	11 50	9 57
27 s. s. Maxime, év.	7 41	4 18	0 12 Soir.	11 2
28 D. Avent.	7 42	4 17	0 30	Matin.
29 l. s. Saturnin.	7 43	4 16	0 47	0 6
30 m. s. André.	7 44	4 15	1 4	1 11

DÉCEMBRE. *Signe*, le Capricorne. ♑

☾ P. L. le 6, à 10 h. 35' du matin.   *Périgée le 10.*
☽ D. Q. le 13, à 7 h. 53' du matin.
● N. L. le 20, à 10 h. 50' du matin.   *Apogée le 26.*
☽ P. Q. le 28, à 0 h. 27' du soir.

JOURS, DATES et Noms des Saints.			Lev. du S	Cou. du S	Lever de la L	Couch. de la L
			H. M.	H. M.	H. M.	H. M.
1	m.	s. Eloi, évêq.	7 45	4 15	1 22 Soir.	2 14 Matin.
2	j.	ste. Bibiane, v.	7 46	4 14	1 44	3 21
3	v.	s. Franç. Xav.	7 47	4 13	2 9	4 28
4	s.	ste. Barbe, v.	7 48	4 12	2 41	5 3-
5	D.	s. Sabbas, abbé.	7 48	4 11	3 22	6 46
6	l.	s. Nicolas, év.	7 49	4 11	4 15	7 51
7	m.	s. Ambroise.	7 50	4 10	5 18	8 48
8	m.	*Conc. de N. D.*	7 50	4 9	6 29	9 35
9	j.	ste. Léocadie.	7 51	4 9	7 46	10 13
10	v.	ste. Valère, v.	7 52	4 8	9 5	10 43
11	s.	s. Damase, p.	7 52	4 8	10 23	11 8
12	D.	ste. Constance.	7 53	4 7	11 41	11 31
13	l.	ste. Luce, v. m.	7 53	4 7	Matin.	11 52
14	m.	s. Nicaise, arc.	7 54	4 6	0 58	0 13 Soir.
15	m.	s. Mesmin. 4 T	7 54	4 6	2 16	0 37
16	j.	ste. Adelaïde.	7 54	4 6	3 34	1 5
17	v.	ste. Olymp. 4 T	7 54	4 5	4 49	1 39
18	s.	s. Gatien. 4 T.	7 55	4 5	6 0	2 21
19	D.	s. Timothée.	7 55	4 5	7 5	3 11
20	l.	s. Philogone.	7 55	4 5	7 59	4 10
21	m.	s. Thomas, ap.	7 55	4 5	8 41	5 15
22	m.	s. Flavien, c.	7 55	4 5	9 13	6 21
23	j.	ste. Victoire, v.	7 55	4 5	9 40	7 28
24	v.	s. Delphin. *Vig.*	7 55	4 5	10 3	8 33
25	s.	NOEL.	7 54	4 5	10 22	9 38
26	D.	*s. Etienne*, m.	7 54	4 6	10 39	10 42
27	l.	s. Jean, évang.	7 54	4 6	10 56	11 46
28	m.	ss. Innocens.	7 53	4 6	11 14	Matin.
29	m.	s. Thomas de C.	7 53	4 7	11 34	0 51
30	j.	s. Sabin, évêq.	7 53	4 7	11 57	1 57
31	v.	ste. Mélanie.	7 53	4 7	0 25 Soir.	3 4

OBSERVATIONS SUR L'ANNÉE.

Cette année bissextile est celle de notre Seigneur 1824, et contient 366 jours.

Depuis le commencement du monde, il y a 5824 ans.

Depuis le déluge universel 4168 ans.

Depuis la Mort et Résurrection de N. S. J.-C. 1791 ans.

Année de la période Julienne 6537.

Depuis la première Olympiade d'Iphitus jusqu'en Juillet 2598.

De la fondation de Rome selon Varron (Mars) 2577.

De l'époque de Nabonassar 2571.

De la correction Grégorienne 242.

Du Règne de S. M. Louis XVIII, 29.

L'année 1239 des Turcs a commencé le 7 Septembre 1823, et finira le 25 Août 1824, selon l'usage de Constantinople.

ÉCLIPSES.

Il y aura cette année deux Éclipses de Lune et deux Éclipses de Soleil.

La première Eclipse partielle de Lune, en partie visible à Paris, aura lieu le 16 Janvier. Commencement à 7 h. 27' du matin. — Coucher de la Lune à 7 h. 33'. — Milieu à 8 h. 53'. — Fin à 10 h. 19'. — Grandeur 9 doigts.

La première Eclipse de Soleil, invisible à Paris, aura lieu le 26 Juin.

La seconde Eclipse de Lune, en partie visible à Paris, aura lieu le 11 Juillet. Commencement à 3 h. 34' 1/2 du matin. — Milieu après le coucher de la Lune, à 4 h. 18' 1/2. — Fin à 5 h. 2' 1/3. — Grandeur 1 3/5 de doigt.

La seconde Eclipse de Soleil, invisible à Paris, aura lieu le 20 Décembre.

MÉTÉOROLOGIE.

Températures moyennes probables pour chaque mois de l'année 1824.

Année 1824.	J. de Pluie.	Vents dominans	Température.
Janvier	15 j.	N.	Variable.
Février	3	N. E.	Froide et sèche.
Mars..	14	N. O.	Variable.
Avril..	9	E. N. E.	Humide et douce.
Mai ..	7	S.	Sèche.
Juin..	20	S. E.	Chaude et sèche.
Juillet.	13	O.	Chaude et variable.
Août..	17	S. E.	Humide et douce.
Sept..	2	N. E.	Douce et sèche.
Octob..	10	S. O.	Variable.
Nov...	19	N. O.	Froide et variable.
Déc...	27	O. N. O.	Très-froide.

OBLIQUITÉ APPARENTE DE L'ÉCLIPTIQUE

En supposant la diminution séculaire de 48″.

   1 Janvier 1824. . . . . . . 23d 27′ 48″ 2.
   1 Avril. . . . . 48″ 2.
   1 Juillet. . . . . 46″ 4.
   1 Octobre . . . . 46″ 3.
 31 Décembre . . . . 44″ 5.

L'Ascension droite moyenne du Soleil pour minuit, comptée de l'équinoxe apparent, est de 18 h. 38′ 22″ 64, le 1 Janvier 1824 ; la voici corrigée des petits changemens de Nutation, telle qu'il faut l'employer à différentes époques de l'année pour calculer le temps moyen compté de minuit.

   1 Janvier 1824. . . . . . . 18 h. 38′ 22″ 64.
   1 Avril. . . . . 22″ 67.
   1 Juillet. . . . . 22″ 68.
   1 Octobre . . . . 22″ 70.
 31 Décembre 1824 . . . . . 22″ 70.

FIDÈLE.

CHANSON.

Air : *On dit que je suis sans malice.*

THÉMIS, d'un petit héritage
Devait décider le partage ;
La chicane transmet mes droits
A des parens des plus adroits.
Qui, sûr gardien de mon asile,
S'opposant au voleur habile,
Mourrait pour défendre mon bien ?
Ah ! c'est Fidèle, c'est mon chien.

Sans opulence, mais sensible,
Jadis, sous mon chaume paisible,
J'accueillais le pauvre passant
Mieux qu'un voisin riche et puis-
    sant.
N'ai plus rien ; nul, je vous le jure,
Ne se rappelle ma figure ;
Qui me reconnaît toujours bien ?
Ah ! c'est Fidèle ! c'est mon chien.

J'eus des amis, une maîtresse ;
Mais, rougissant de ma détresse,
Chacun avec agilité
Me fuit par sensibilité.
Par sa constance inaltérable,
Charmant le sort d'un misérable,
Un seul chérit son vieux lien ;
Et c'est Fidèle, c'est mon chien.

Portant un cœur dur, irascible,
Egoïste, fourbe, insensible,
Cédant à leurs affreux penchans !
Ah ! que les hommes sont méchans !
Sait-on pour son bon caractère
Qui je préfère sur la terre
A ceux que je connais trop bien ?
C'est mon Fidèle ! c'est mon chien.

O mon Dieu, pour grâce dernière,
Exauce mon humble prière !
Veille sur l'être à qui je doi
Le bonheur d'être aimé pour moi.
J'irai sans pompe au dernier gîte ;
Du pauvre le cercueil s'évite ;
Un seul ami suivra le mien ;
Et c'est Fidèle, c'est mon chien.

CHANSON DE NOCES.

Air : *Prends, ma Philis, prends ton verre.*

Que le jour du mariage
Pour vous doit être un beau jour !
Le doux nœud qui vous engage
Fut préparé par l'amour :
A vous rendre heureux sans cesse
Les jeux, les ris, la tendresse
S'empresseront tour-à-tour.
Que le jour du mariage
Pour vous doit être un beau jour !
Le doux nœud qui vous engage
Fut préparé par l'amour

Malgré que cet hymenée
Qui joint vos cœurs pour toujours
Soit l'époque fortunée
Du plus charmant de vos jours :
Vous direz avant l'aurore,
La nuit est plus belle encore,
Dieux ! prolongez-en le cours ;

Epoux que cet hymenée
Qui joint vos cœurs pour toujours,
Soit l'époque fortunée
D'une suite d'heureux jours.

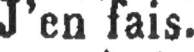

LA MÈRE BON BEC.

Air : *Du Bouffe.*

J' suis vraiment la gazette
    D'l'endroit ;
Partout où l'on caquette
    On m'voit
J'sais des époux, des belles
    Les s'crets ;
Et, quand j'nai pas de d'nouvelles,
    J'en fais.

LE DOUTE EMBARRASSANT.

ROMANCE.

AIR : *C'est par les yeux que tout s'exprime.*

Maman me répète sans cesse :
« Les amans sont très-dangereux :
Fuyez leur voix enchanteresse,
Leur ton, leur regard amoureux.
Dans mon cousin j'ai tout à craindre
Il est si vif, si caressant !
Hélas ! que je serais à plaindre
Si Gustave était un amant.

Lorsque je chante une romance,
Il y mêle sa douce voix ;
Et pour sa compagne à la danse
Sur moi seule il fixe son choix ;
Chacun dit qu'il est fait à peindre,
Que son caractère est charmant :
Hélas ! que je serais à plaindre
Si Gustave était un amant !

Il m'a promis d'être bien sage
Si je lui donnais un baiser ;
Il dit qu'il deviendra volage
Si j'ose le lui refuser.
Faut-il céder? dois-je encor feindre?
Voilà ma crainte, mon tourment :
Hélas! que je serais à plaindre
Si Gustave était un amant!

BOUQUET

POUR LA FÊTE DE S.^{TE} CATHERINE.

Air : *Prendre le temps comme il vient.* (De l'opéra du vieux Château).

Sans critiquer en ce jour
Tous les bouquets qu'on destine,
Célébrons dans ce séjour
La fête de Catherine.
Inspiré par la gaité,
Tous les ans chacun répète
Est-il plus charmante fête ! *bis.*
Que celle de la beauté
Et de la virginité.

Que Rosalie à jamais
Soit l'objet de notre hommage;
La pudeur et les attraits
Furent toujours son partage.
Elle n'a jamais été
En butte à la calomnie ;
Elle est sage, elle est jolie,   *bis.*
On n'a jamais contesté
Sa vertu ni sa beauté.

Toujours sa franche gaîté
A le ton de la décence ;
Le lieu par elle habité
S'embellit de sa présence.
Qu'elle a d'amabilité !
Qui la connoît bien, s'écrie ;
Vive, vive Rosalie !   *bis.*
Après ce vœu répété,
Buvons tous à sa santé.

OÙ DONC EST-ELLE?

A MADAME L. C. DE C. T.

Air: *Un jeune enfant un casque en main.*

Fatigué des folles erreurs
De la pétulante jeunesse,
Je veux connaître les douceurs
De l'hymen et de la Sagesse;
Mais il faut pour me captiver
Une beauté sage et fidèle :
Je la cherche sans la trouver,
    Où donc est-elle?

Pauline toujours me sourit ;
Mais elle est coquette et changeante.
Rose a des grâces, de l'esprit ;
Mais elle est fausse et médisante.
Clarice aime trop la grandeur.
Evélina n'aime rien qu'elle.
Celle qui fera mon bonheur,
    Où donc est-elle?

Au son de sa touchante voix,
Je m'arrête auprès de Louise ;
Et je ne crains plus cette fois
Que mon cœur fasse une méprise ;

Son regard est si caressant,
Sa douce figure est si belle,
Que je ne dis plus à présent :
   Où donc est-elle ?

A MA MÈRE.

ROMANCE.

Air : *Quoique Brigitte eût à peine
   quinze ans.*

Toi qui sans cesse occupes tes loisirs
Des tendres soins qu'inspire la nature,
Dont la vertu consacre les plaisirs,
Dont tes enfans sont toute la parure ;
A tes efforts, à tes bienfaits touchans,
Je viens offrir un bien faible salaire ;
Mais le seul prix que réclament mes chants,
C'est un sourire, un regard de ma mère.

Mes yeux à peine étaient ouverts au jour,
Que tes leçons ont épuré mon ame ;
Dans mon printemps ton maternel amour,
Par son exemple et m'éclaire et m'enflamme.
Ton cœur aimant sait égayer pour moi
Ce que parfois le devoir a d'austère ;
Mon innocence en s'appuyant sur toi,
Sent que sa force est un don de ma mère.

Par tes avis, par tes embrassemens,
Tu m'adoucis les peines de la vie ;
Je tiens de toi mes plus heureux penchans,
Je trouve en toi ma plus solide amie.
Ah ! puisses-tu, libre de vains souhaits,
Long-temps encore, aussi tendre, aussi chère,
Filer tes jours dans le sein de la paix,
Et t'applaudir d'avoir été ma mère !

LA JALOUSIE.
ROMANCE.

Air : *C'est à mon maître en l'art de plaire.*

Quelle est donc cette jalousie
Dont tu me parles tous les jours ?
Quelle est donc cette frénésie,
Qu'on dit le fléau des amours ?
Si l'on donne à l'ardeur extrême
Ce nom qui te met en courroux,
Si l'on est jaloux quand on aime,
Assurément, je suis jaloux.

Par un attrait irrésistible
Mon cœur vers le tien entraîné,
Voudrait que tu fusses sensible
A l'amour que tu m'as donné ;
Ton cœur est tout ce que j'envie,
Je voudrais seul ce bien si doux ;
Si c'est là de la jalousie,
Assurément, je suis jaloux.

Loin de toi quelle est ma tristesse!
J'éprouve le plus vif tourment;
Et je voudrais, je le confesse,
Ne te pas quitter un moment;
Si c'est jalousie, ô ma chère!
Je me prosterne à tes genoux;
Accable-moi de ta colère,
Assurément, je suis jaloux.

ON NE PEUT PAS TOUT DIRE.

CHANSONNETTE.

Air : *Laissant respirer les cœurs.*

Vous voulez un tendre aveu;
Vous demandez que ma bouche
Encourage votre feu,
Et vous dise qui me touche.
Près de vous, les yeux baissés,
Quand je rougis et soupire,
Ne parlé-je pas assez?
Et faut-il donc tout vous dire?

Si vous me serrez la main,
Et que j'en'ose y répondre,
Alors vous vois tout chagrin,
En excuses vous confondre.
Preuve que le voulais bien ;
C'est que point ne la retire.
Mais vous ne devinez rien...
Il faudrait donc tout vous dire ?

Sur le gazon, l'autre jour,
Vous me crûtes endormie.
Le sommeil donne à l'amour
Beau jeu près de douce amie.
Constamment fermai les yeux,
Et vous me vîtes sourire...
Pour vous que pouvais-je mieux ?
Quoi ! faut-il donc tout vous dire ?

Un soir, las de mes rigueurs,
Car vous m'appelez cruelle ;
Demandiez quelques faveurs
Pour prix d'un amour fidèle...
Vous refusai ; mais chez nous
Vous dis de me reconduire...
Que ne m'entendîtes vous !...
Fille ne peut pas tout dire.

LA NORMANDE.

Air : *Du Guernadier.*

J'DÉBARQUONS d' la Norman-
   die,
J' voulons itou voir c' Paris ; *bis.*
Une fille comm' moi n'est pas faite
Pour épouser un berger.... allez,
   marchez.
J' suis belle, j' suis jeune, j' suis
   fraîche,
J' veux un gros milord anglais.

A Paris, on dit qu'un' fille
N' manq' jamais d'adorateurs ;
Qué j' port'rais, comme un' grand'
   dame,
D' bell's robes à falbalas, et puis
   qu' j'aurais
Un' plisse, un' blouse, des plumes.
Et d' zappartemens frottés.

Je n' veux plus qu'on m' nomm'
   Jeannette,
J' veux un nom moins commun
   qu' ça ;

J' voulons avoir un cach'mire,
Un bour de soie, d'biaux rubans
   et des bijoux,
Des parles, des bagues, un' chaîne.
Un bel équipage itou.

J' laiss'rons là l'cotillon d'laine,
L' tabellier et l' caraco ;
Je n' serions pas la première
Qui s'rait sortie d' son hameau en
   gros sabots,
Qui brille, qu'est riche, qu'est fière
Et qui porte d' biaux chapeaux.

FIN.

www.ingramcontent.com/pod-product-compliance
Lightning Source LLC
Chambersburg PA
CBHW070714050426
42451CB00008B/646